# DENK SPORT

## FÜR KNOBELMEISTER

moses.

ISBN 978-3-89777-856-6

ISBN 978-3-96455-196-2

WIE WÄR'S MIT EIN BISSCHEN GEHIRNJOGGING?

ISBN 978-3-96455-156-6

**NOCH MEHR DENKSPORT GEFÄLLIG?**

ISBN 978-3-96455-966-2

ISBN 978-3-96455-180-1

# IMPRESSUM



2. Auflage 2023

ISBN 978-3-96455-159-7

moses. Verlag GmbH
Arnoldstraße 13d
D-47906 Kempen

Text: Bettina Domzalski
Design: Weiß-Freiburg –
Grafik und Buchgestaltung
Illustrationen: Florian Scheuerer
Lektorat: Kerstin Neef
Redaktion: Lukas Mai



moses.

**Der 25. März 2001 war ein Sonntag.**

**Welcher Wochentag fiel auf den 6. Dezember 2000?**

**Das war ein Mittwoch.**

Ein ICE fährt um 01.15 Uhr in Hamburg los. Er ist mit einer konstanten Geschwindigkeit von 200 km/h in Richtung Hannover unterwegs.
Der Gegenzug startet zur gleichen Zeit, und zwar mit 180 km/h. Welcher ICE ist in dem Moment, in dem sich die Züge begegnen, weiter von Hamburg entfernt?

Die Züge sind gleich weit von Hamburg (und Hannover) entfernt, da sie sich im Augenblick der Begegnung am selben Ort befinden.

**Welches der vier Symbole aus der unteren Reihe gehört an die Stelle des Fragezeichens, damit eine logische Reihenfolge entsteht?**

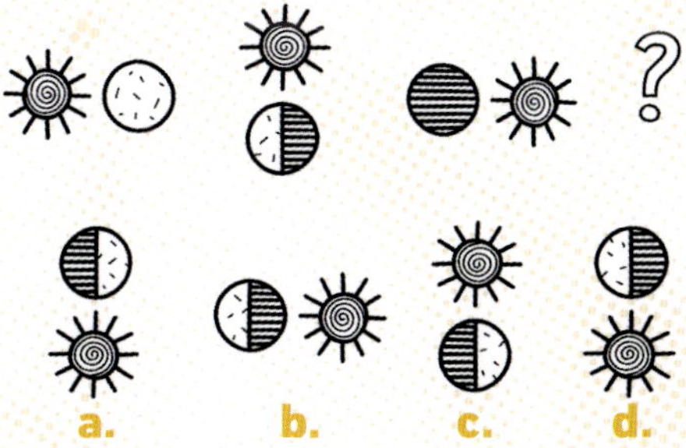

Die Lösung ist a.

**Finde zu jedem Wort mindestens drei Begriffe, die sich darauf reimen!**

**Decke | Meister | Schach**
**Stamm | Wasser**

**Zum Beispiel:**

**Decke: Ecke, Hecke, Zecke**

**Meister: Geister, Kleister, dreister**

**Schach: Bach, Dach, wach**

**Stamm: Damm, Gramm, Lamm**

**Wasser: Hasser, nasser, blasser**

**Welcher dieser Bestandteile sollte auf keinen Fall in Kosmetikartikeln enthalten sein?**

**Alkohol | Antibiotika**
**Antioxidantien | Benzoate**
**Koffein | Glyzerin**
**Hyaluronsäure | Panthenol**
**Q10 | Sulfate**

**Antibiotika sollen und dürfen niemals in Kosmetika enthalten sein. Die anderen Bestandteile sind hingegen häufig auf der Liste der Inhaltsstoffe zu finden.**

Treffen sich zwei Schäfer. Sagt der erste Schäfer zum zweiten: »Gib mir acht deiner Schafe, dann habe ich doppelt so viele wie du.« Der Zweite antwortet jedoch: »Gib du mir acht von deinen, dann haben wir gleich viele.« Wie viele Schafe besitzt jeder Schäfer?

**Der erste Schäfer besitzt 56 Schafe, der zweite 40.**

Martha, Max, Milan und Milli sind **Geschwister**. Martha ist jünger als Max. Auch Milli ist jünger als Max. Milan ist jünger als Milli, aber er ist nicht der Jüngste. Ordne die Geschwister von jung nach alt.

!

Martha – Milan – Milli – Max

**Im Wald treffen sich die nachtaktiven Tiere zu einer Party. Mit dabei sind: sechs Eulen, neun Fledermäuse, fünf Rehe, sieben Wildschweine, dreizehn Regenwürmer, vier Füchse, zwei Marder, drei Katzen, ein Waschbär und zehn Schnecken. Wie viele Füße tanzen auf der Party?**

118. Regenwürmer und Schnecken haben keine Füße und zählen nicht mit.

?

Die acht Planeten Erde, Jupiter, Mars, Merkur, Neptun, Saturn, Uranus und Venus kreisen auf ovalen Umlaufbahnen um die Sonne. Welcher Planet ist der Sonne am nächsten, welcher am weitesten von ihr entfernt?

Reihenfolge, beginnend mit dem Planeten, der der Sonne am nächsten ist:

Merkur | Venus | Erde | Mars
Jupiter | Saturn | Uranus Neptun

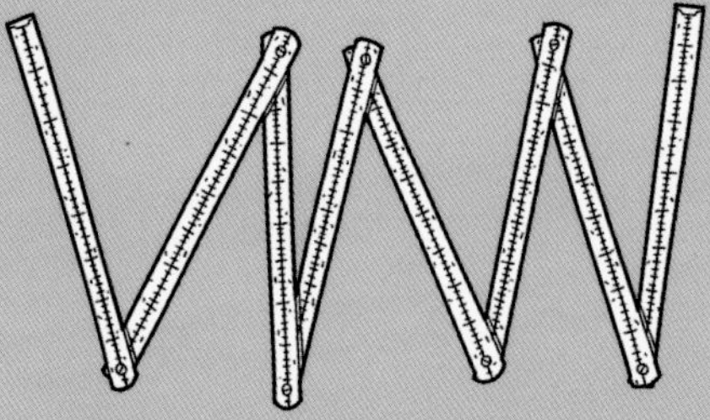

Jede Zahl steht für die entsprechende Stelle eines Buchstabens im **Alphabet**. Welcher Tag, an dem Männer nichts zu sagen haben, wird gesucht?

23 5 9 2 5 18 6 1
19 20 14 1 3 8 20

## Weiberfastnacht

**Fallen dir 15 Orte ein, an denen (auch) nachts gearbeitet wird?**

**Zum Beispiel:**

**Apotheken, Bäckereien, Callcenter, Diskotheken, Flughäfen, Frachtzentren, Kinos, Kioske, Kneipen, Krankenhäuser, Öffentliche Verkehrsmittel, Pflegeheime, Polizeistationen, Restaurants, Tankstellen**

Welche **Zahl** ersetzt das Fragezeichen, wenn du der Logik der linken Abbildung folgst? Verwende zwei Grundrechenarten!

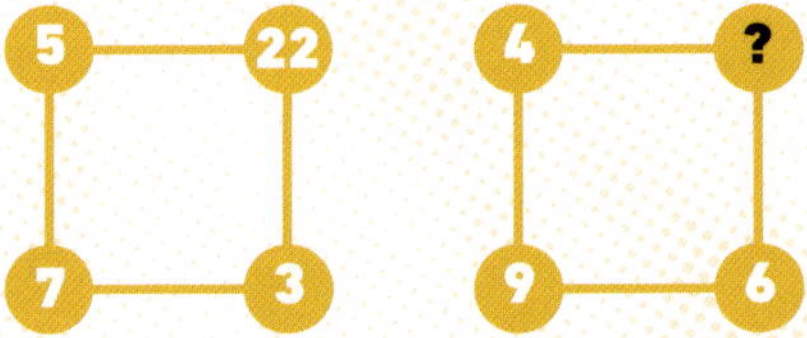

**33.**

**Multipliziere die Zahl oben links mit der Zahl unten rechts und addiere die untere linke Zahl hinzu. So erhältst du das Ergebnis für das Feld oben rechts.**

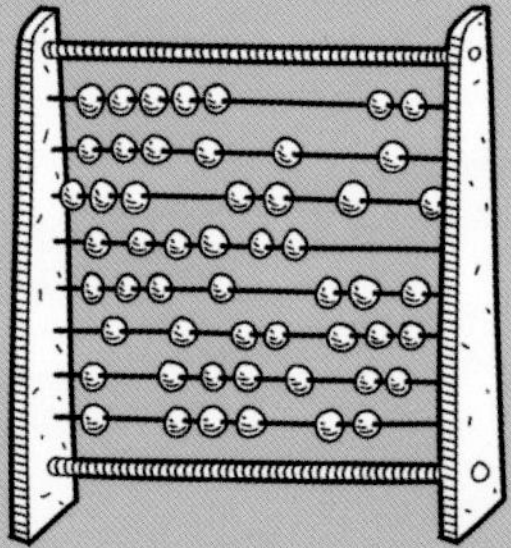

Lies den **Zungenbrecher** mehrmals hintereinander vor!

**Als wir noch in der Wiege lagen, dacht' niemand an den Liegewagen. Jetzt kann man in den Wagen liegen und sich in allen Lagen wiegen.**

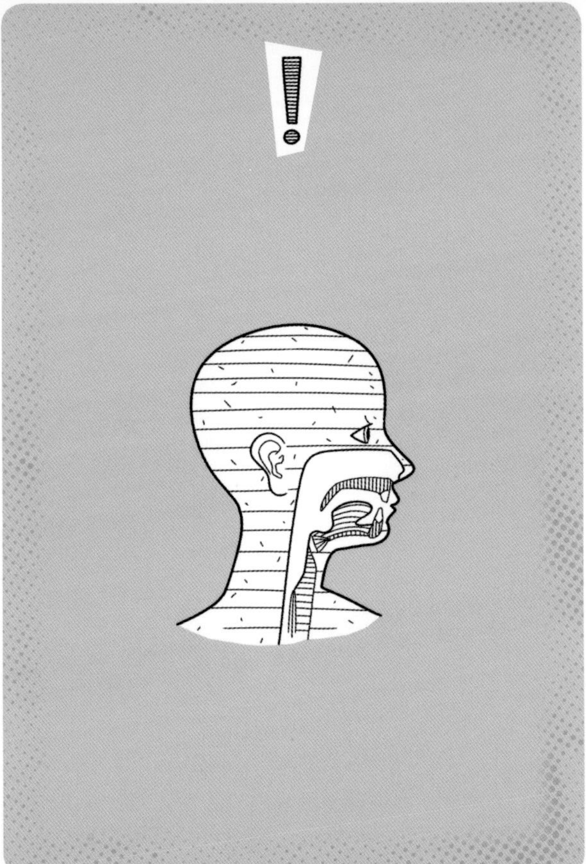

**Verbinde die Buchstaben so miteinander, dass ein Beruf zu lesen ist, bei dem spezielle Arbeitskleidung getragen wird.**

| | | | |
|---|---|---|---|
| L | F | P | N |
| E | G | K | E |
| R | E | R | K |
| I | N | A | N |

**KRANKENPFLEGERIN**

**Wie lauten die nächsten Zahlen in dieser Reihe?**

5 10 7 14 11

22 19 ?

38 – 35 – 70 – 67 ...
Es wird immer abwechselnd mit 2 multipliziert, dann vom Ergebnis 3 subtrahiert.

**Wie oft entdeckst du das Wort SOMMERREGEN im Fließtext?**

**SOMMEREGENSOMNERREGESO**
**SOMMERREGENREGENSOM**
**MERRREGENSORESOMMERRE**
**GENSOMMERREGENSOMERRE**
**GENOMMERREGGENSOMMERRE**
**GENSUMMERREGENSOMMERRE**
**GENWURMSOOMGENSOMMER**
**REGENMERRESOSOSOMMERRE**
**GENWEGENSOMMERREHGEN**

**7-mal**

SOMMEREGENSOMNERREGESO
SOMMERREGENREGENSOM
MERRREGENSORESOMMERRE
GENSOMMERREGENSOMERRE
GENOMMERREGGENSOMMERRE
GENSUMMERREGENSOMMERRE
GENWURMSOOMGENSOMMER
REGENMERRESOSOSOMMERRE
GENWEGENSOMMERREHGEN

## Wie lautet das Ergebnis der letzten Aufgabe?

$10 + (5 \times 1) = 15$

**Punktrechnung vor Strichrechnung!**

**Zwei Mütter und zwei Töchter** schlafen in einer Nacht je sieben Stunden. Zusammengerechnet ergibt das 21 Stunden. Warum nicht 28?

Es handelt sich lediglich um drei Frauen: Oma, Mutter und Enkelin. Die Mutter ist gleichzeitig auch Tochter.

**Wie heißen deine Lieblingsserien rückwärts gesprochen?**

War vielleicht die Serie »Dab Gnikaerb« dabei, oder »hcilzreh reba Trah«? Oder magst du lieber »Reginiertrotat Red«?

**Wann war das nochmal?
Ordne die Ereignisse nach ihrer zeitlichen Abfolge!**

- **a.** erster Mensch auf dem Mond
- **b.** erster Deutscher im All
- **c.** die Hunde Belka und Strelka kommen lebend aus dem All zurück
- **d.** erstes Treffen einer Sojus- und Apollo-Mannschaft im All
- **e.** erster Mensch im Weltraum

!

c: 1960
e: 1961
a: 1969
d: 1975
b: 1978

**Erinner dich rückwärts an deinen Tag.**
**Beginne damit, was du zuletzt gemacht hast, und ende mit dem ersten Gedanken, den du heute nach dem Aufwachen hattest.**

**Setze für die Zahlen die entsprechenden Buchstaben aus dem Alphabet ein.**

4 1 19    7 5 8 20

1 21 6    11 5 9 14 5

11 21 8 8 1 21 21

## DAS GEHT AUF KEINE KUHHAUT.

Diese Redewendung stammt übrigens aus dem Mittelalter. Man glaubte damals, dass sich der Teufel alle Sünden notiert – auf Pergament, das in jener Zeit häufig aus den Häuten von Kälbern hergestellt wurde. Wenn die Aufzählung nicht auf eine Kuhhaut passte, musste es sich um einen besonders üblen Schurken gehandelt haben.

**Ordne die Trauminseln Bahamas, Barbados, Fidschi, Galapagos, Madeira, Malediven, Mauritius, Philippinen und Seychellen dem Atlantik, Pazifik oder Indischen Ozean zu!**

**Atlantik:**
BAHAMAS, BARBADOS, MADEIRA

**Pazifik:**
FIDSCHI, GALAPAGOS, PHILIPPINEN

**Indischer Ozean:**
MALEDIVEN, MAURITIUS,
SEYCHELLEN

**Weißt du, wie viele Socken-paare und Unterhosen du besitzt? Schätze zuerst, bevor du nachschaust und sie zählst.**

Betrug die Abweichung zu deiner Schätzung jeweils weniger als drei?

Glückwunsch, du hast die Aufgabe bestanden!

**Wie viele Dreiecke – verschiedener Größen – enthält diese Figur?**

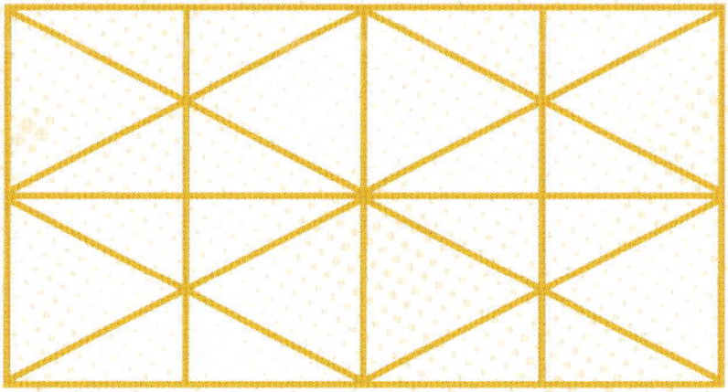

**Es sind insgesamt 68 Dreiecke.**

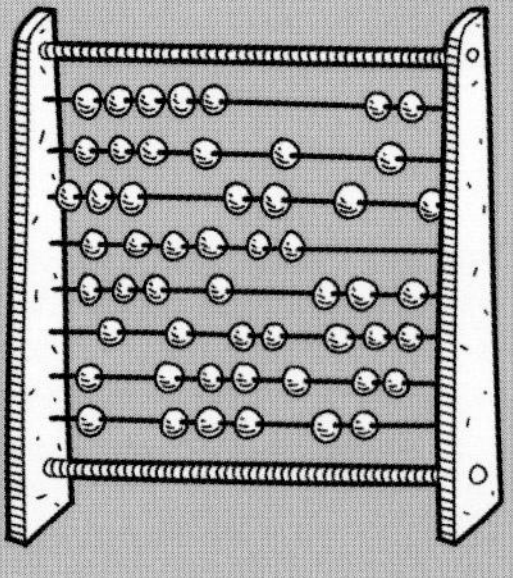

**Addiere deinen Geburtstag mit dem Geburtsmonat. Dividiere das Ergebnis durch die Stunde der Uhrzeit, zu der du heute aufgestanden bist und ziehe davon 7 ab. Multipliziere das Ergebnis nun mit der Zahl, die den Gefrierpunkt von Wasser in Grad Celsius angibt. Wie lautet das Endergebnis?**

Da der Gefrierpunkt von Wasser 0 Grad Celsius beträgt, ist das Ergebnis immer null, egal, welche Zahlen du vorher einsetzt.

**Finde mindestens zehn Substantive, die in Verbindung mit STRASSEN ein neues Wort ergeben!**

**Zum Beispiel:**

**Straßenarbeiten, Straßenbahn, Straßenbau, Straßenbelag, Straßenkarte, Straßenpflaster, Straßenreinigung, Straßenschild, Straßenverkehr, Straßenzustand**

**Ausfallstraßen, Bundesstraßen, Dorfstraßen, Einbahnstraßen, Einkaufsstraßen, Fahrradstraßen, Fernstraßen, Küstenstraßen, Landstraßen, Zubringerstraßen**

Aus diesen Silben lassen sich vier **Substantive** bilden:

Ba biet

Au bord

ben

flan ge

ke mo

Na

na

nen schlag

schutz ßen tor tur

Tau

**Außenbordmotor, Bananenflanke, Naturschutzgebiet, Taubenschlag**

**Was haben die folgenden Begriffe gemeinsam?**

**ARZTHELFERIN**
**FEINSTAUB**
**GALAPAGOSECHSE**
**HANDREICHUNG**
**KLAVIER**
**PALMZWEIGE**
**NACHTWÄCHTER**
**ROUTINEUNTERSUCHUNG**
**SCHNULLER**

**In jedem Wort versteckt sich eine Zahl:**

ARZTH**ELF**ERIN

F**EINS**TAUB

GALAPAGO**SECHS**E

HAN**DREI**CHUNG

KLA**VIER**

PALM**ZWEI**GE

N**ACHT**WÄCHTER

ROUTI**NEUN**TERSUCHUNG

SCH**NULL**ER

Ein **Fußballtrainer** erzählt:
»Beim Spiel gestern sah sich jeder unserer Verteidiger genauso vielen gegnerischen Stürmern gegenüber, wie er Mitspieler in der Abwehrkette hatte. Ein gegnerischer Stürmer hingegen musste doppelt so viele Verteidiger überwinden, wie er anspielbare Sturmkollegen hatte.«

Wie viele Verteidiger und gegnerische Stürmer standen auf dem Platz?

!

**Die Mannschaft des Trainers spielte mit Viererkette, der gegnerische Sturm bestand aus drei Spielern.**

**Fünf der folgenden Tiernamen sind erfunden. Welche?**

**AHA HA**
**FETTLEIBIGE HIRNDROSSEL**
**GEMEINE GEBURTSHELFERKRÖTE**
**HEILIGER PILLENDREHER**
**HERZIGER DUMPFDOTTERKÄFER**
**HUHU HU**
**RUCKSACKSCHWEIN**
**SCHOKOLADEN-FRUCHTZWERG**
**TASCHENRATTE**
**WEINGUMMI-GEMÜSERIESE**

**Fettleibige Hirndrossel, Herziger Dumpfdotterkäfer, Huhu hu, Rucksackschwein und Weingummi-Gemüseriese gibt es nicht. Alle anderen Tiere existieren tatsächlich.**

**Lerne die folgenden zehn Begriffe auswendig und sage sie in alphabetischer Reihenfolge auf:**

**Denkzettel**
**Denkfehler**
**Denkspruch**
**Denkfabrik**
**Denksport**
**Denkaufgabe**
**Denkmodell**
**Denkverbot**
**Denkform**
**Denkmal**

**Denkaufgabe, Denkfabrik, Denkfehler, Denkform, Denkmal, Denkmodell, Densport, Denkspruch, Denkverbot, Denkzettel**

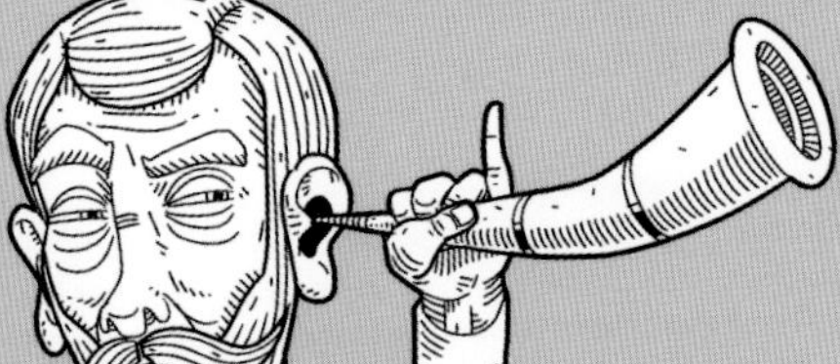

**Anna ist fünf Jahre jünger als Anton und sechs Jahre älter als Alina. Alex ist mit seinen 37 Jahren vier Jahre älter als Alina. Wie viele Jahre liegen zwischen der jüngsten und der ältesten Person?**

**Elf Jahre. Alina ist 33, Alex 37, Anna 39 und Anton ist 44 Jahre alt.**

**Familie Jonas ersetzt endlich alle alten Glühbirnen durch LEDs. Sie tauschen die fünf 75-Watt-Birnen in den Deckenlampen gegen 8-Watt-LEDs, zwei 60 Watt-Birnen (eine im Keller, eine auf dem Dachboden) gegen 5-Watt-LEDs und die vier 100-Watt-Birnen in der Stehlampe im Wohnzimmer und an den drei Schreibtischen gegen 10-Watt-LEDs. Am Abend sitzen die Eltern am Schreibtisch. Es brennen drei Deckenlampen sowie die Beleuchtung auf dem Dachboden. Wie viel Watt sparen sie gegenüber früher?**

436 Watt

**Wenn der Tag nach vorgestern ein Montag war und übermorgen der 21. April ist:**
**Beschert dir der Tag der Arbeit ein langes Wochenende mit viel Schlaf?**

Nein, denn er fällt auf den Sonntag.

**Lies jeden dritten Buchstaben!**

**VFIMCNFGDFTEKJRMLMOLIMG TSDTVREHJVBGOKLNÄCSXCCF VHNGWEFIDHEJNRPLINBGASK VCEIKIGBTZGEMNNÖLLOKIMNEF HGVDEBMNDCDZGISCEBGMÄÜÖ KLGMHLCHICVCFGHNHKVFEBN IDCTVBEDCN.**

»In der Mitte von Schwierigkeiten liegen die Möglichkeiten.«

(Zitat von Albert Einstein)

Eine **Bergsteigerin** will einen Berg erklimmen, der 7.000 Meter hoch ist, und beginnt den Aufstieg bei 1.000 Metern über Normalnull. Pro Tag schafft sie 600 Höhenmeter. Doch jede Nacht erfassen starke Winde ihr Zelt und wehen es zurück Richtung Tal, wodurch sie jedes Mal 400 Höhenmeter verliert. Wie viele Tage braucht sie, um den Gipfel zu erreichen?

Insgesamt muss die Bergsteigerin 6.000 Höhenmeter überwinden. Hiervon werden die 600 Meter abgezogen, die sie am letzten Tag schafft, das Ergebnis wird durch 200 Höhenmeter geteilt, die Strecke also, die sie jeden Tag vorankommt. Das ergibt 27, hinzu kommt der letzte Tag bis zum Gipfel.

Die Bergsteigerin braucht also 28 Tage.

**Bilde die Quersumme aus den Geburtstagen deiner Familienmitglieder und teile diese jeweils durch 8.**

**Beispiel:**
**12.03.1995 =**
**(1 + 2 + 0 + 3 + 1 + 9 + 9 + 5) : 8 =**
**3,75**

!
x=?

**Jenny wacht am Mittwochmorgen panisch auf: Sie glaubt, einen Termin vergessen zu haben. Der Termin findet zwei Tage nach dem Tag vor dem Tag nach morgen statt.**

**Um welchen Wochentag handelt es sich?**

**Heute ist Mittwoch. Der Tag nach morgen ist Freitag, der Tag davor Donnerstag.**

**Zwei Tage nach Donnerstag ist Samstag. Jenny kann also beruhigt weiterschlafen.**

Du sitzt am Steuer eines Busses, auf der linken Seite geht es abwärts, rechts neben dir fährt die Feuerwehr. Vor dir galoppiert ein Pferd, das eindeutig größer ist als dein Bus, du kannst nicht überholen. Außerdem wirst du von einem Hubschrauber verfolgt, der nur knapp über dem Boden fliegt. Alle sind gleich schnell.

Wie kannst du diesem Albtraum entkommen?

**Du steigst vom Kinderkarussell ab.**

## Welche unerwarteten Begriffe verstecken sich in diesen Worten?

DOPPELZÜNGIGKEIT
DÜSENFLIEGER
GRASSCHNEIDEGERÄT
MAKKARONI
MÜLLEIMER
NOTOPERATION
ORGANSPENDE
PAMPELMUSE
UNVERSCHÄMT
VERPFLICHTUNG
VOGELDRECK
WILDWECHSEL
WINTERMINZE

DOP**PELZ**ÜNGIGKEIT

DÜ**SENF**LIEGER

GRASSCH**NEID**EGERÄT

MAK**KARO**NI

MÜL**LEIM**ER

NOT**OPER**ATION

OR**GANS**PENDE

P**AMPEL**MUSE

UN**VERS**CHÄMT

VERPF**LICHT**UNG

VO**GELD**RECK

WILDW**ECHSE**L

WIN**TERMIN**ZE

Nenne die Sternzeichen in ihrer zeitlichen Abfolge und fange dabei mit dem Sternzeichen an, das am 21. Januar beginnt.

Fällt dir außerdem für jedes Sternzeichen ein Geburtstagskind aus deinem Umfeld ein?

Wassermann | Fische | Widder
Stier | Zwilling | Krebs | Löwe
Jungfrau | Waage | Skorpion
Schütze | Steinbock

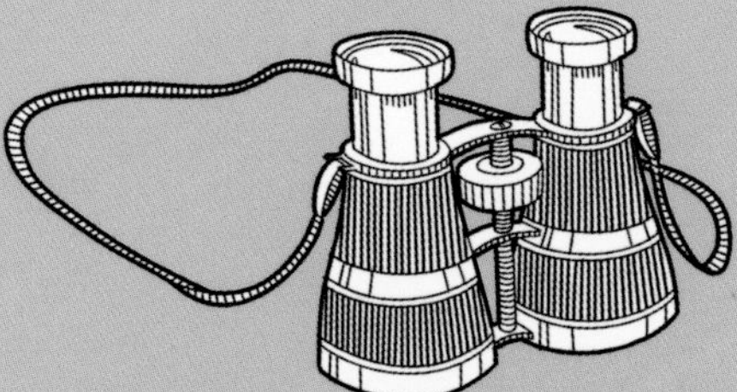

**Bilde aus den Buchstaben die Namen zweier Sportarten!**

**ABCEEEHIKLLLLOOSVYY**

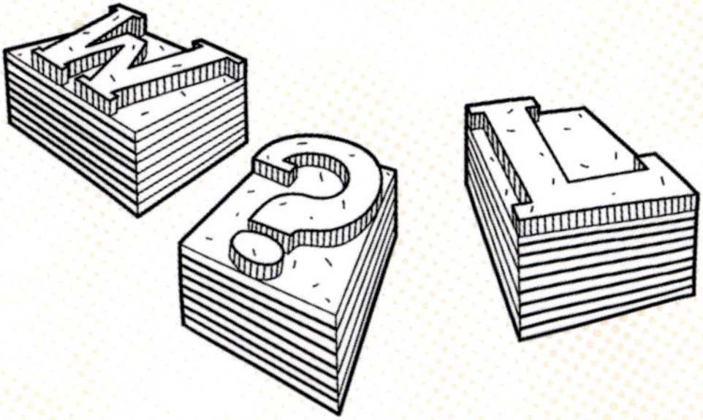

## Eishockey, Volleyball

**In einer Schublade liegen 13 weiße und 17 schwarze Socken. Wie viele Socken musst du im Dunkeln maximal aus der Schublade herausnehmen, um ein gleichfarbiges Paar zu erhalten?**

**Drei Socken reichen. Von einer Farbe hat man dann auf jeden Fall zwei.**

**Welche drei Substantive kommen nicht in den ersten drei Strophen von »Der Mond ist aufgegangen« vor?**

AUGEN ERDE

HIMMEL JAMMER

MENSCH HÜLLE KAMMER

NEBEL SACHEN WELT

SONNE STERNLEIN

WALD WIESEN

## Erde, Mensch, Sonne

**Finde so viele Synonyme wie möglich für STEHLEN!**

Zum Beispiel:

abnehmen, beiseiteschaffen, entwenden, klauen, mausen, mopsen, organisieren, plündern, rauben, stibitzen

**Lerne das Gedicht »Die Feder« von Joachim Ringelnatz auswendig!**

Ein Federchen flog über Land;
Ein Nilpferd schlummerte im Sand.
Die Feder sprach: »Ich will es wecken!«
Sie liebte, andere zu necken.
Aufs Nilpferd setzte sich die Feder
Und streichelte sein dickes Leder.
Das Nilpferd öffnete den Rachen
Und mußte ungeheuer lachen.

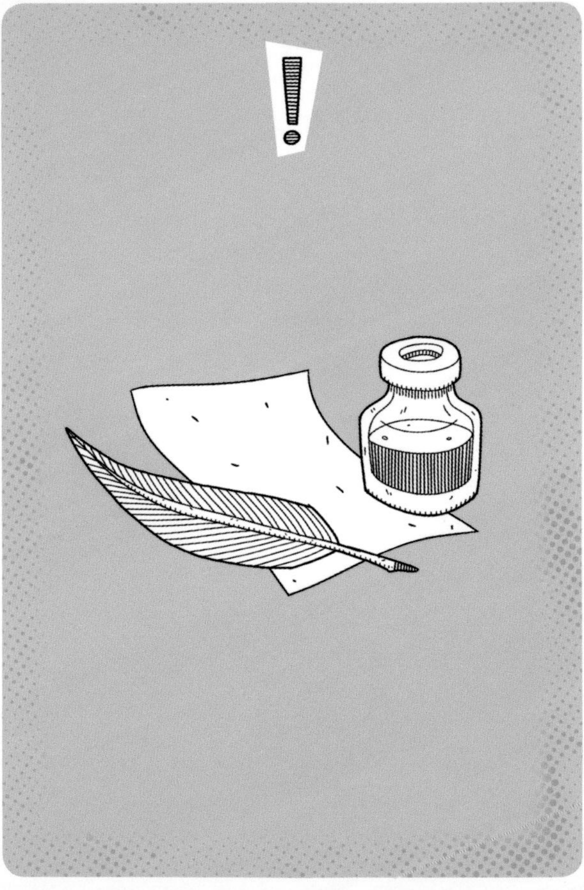

Ein Fledermauspaar lebt in einer Höhle. Nachts ist es dort fünf Grad kälter, als ein befreundetes Fledermauspaar Kinder hat. Deren Nachbarn wiederum fliegen an jedem dritten Tag des Monats in die Stadt, sofern dies kein Samstag ist.

Nun die Frage: Wie viele Wörter entdeckst du in dem Begriff FLEDERMAUSPAAR?

**Fledermaus, Paar, Leder, LED, der, er, Maus, mau, aus, Spa, Ar (Einheit)**

**Außerdem zwei deutsche Flüsse: Eder, Aar**

**Denke dir ein Gedicht aus, das sich reimt und in dem die Wörter FENSTER, GURKE und ZEITUNG vorkommen.**

**Hast du dir ein schönes Gedicht überlegt?**

**Hier ein Beispiel:**

**In der ZEITUNG ist**
**heute zu lesen,**
**ein Dieb sei**
**im Rathaus gewesen.**
**Durchs FENSTER**
**stieg der Schurke**
**und entwendete –**
**eine GURKE.**

**Im Hotel »Zur goldenen Traube« ist Hochsaison. Am Montag sind 258 Betten belegt. Am Dienstag reisen 24 Pärchen, 7 vierköpfige Familien und ein Singlemann ab, 15 Männer, 2 alleinstehende Frauen mit je 2 Kindern und 2 Seniorenpaare kommen an. Am Donnerstag verlassen ein Liebespaar mit Hund und eine Dreierbeziehung das Hotel. Am Samstag reisen 10 Paare an, 3 fünfköpfige Gruppen gehen. Wie viele Menschen übernachten von Mittwoch auf Donnerstag im Hotel?**

206 Menschen verbringen die Nacht von Mittwoch auf Donnerstag im Hotel »Zur goldenen Traube«.